SOMMAIRE
L'EMPIRE ROMAIN

Nous remercions le journal Mon Quotidien, un journal quotidien d'actualité pour les enfants qui publie chaque jour une infographie destinée aux 10-14 ans.

ISBN : 978-2-84203-682-9. Loi n°49956 du 16 juillet 1949 sur les publications destinées à la jeunesse. Dépôt légal : septembre 2002. Imprimé chez SYL (Espagne).

Rome en 10 dates

- 753

Fondation de Rome

Pour les Romains, Rome a été fondée en **753 avant J.-C.** par des frères jumeaux, **Romulus** et **Remus**. Enlevés à leur mère, ils auraient été sauvés et élevés par une **louve** puis par des bergers. Nous savons aujourd'hui que c'est une légende : le site de Rome a été habité dès le Xe siècle avant J.-C.

- 509

Début de la République

Rome a d'abord été dirigée par 7 rois. En **509 avant J.-C.**, le dernier roi, Tarquin le Superbe, a été chassé : Rome est devenue une **république**.

- 146

Destruction de Carthage

La ville de Carthage, actuellement en Tunisie, a longtemps été la grande ennemie des Romains. Après **3 guerres**, "les guerres puniques", qui durèrent au total plus d'un siècle, Rome remporte la victoire. Carthage est détruite.

- 52

Conquête de la Gaule

Dès son origine, Rome conquiert de nombreux pays. En **52 avant J.-C.**, **Jules César** s'empare de la Gaule. Le chef des Gaulois, **Vercingétorix**, dépose ses armes aux pieds de César en signe de défaite.

- 44

Assassinat de César

Après la conquête de la Gaule, Jules César devient très **puissant**. Il est **assassiné** par un groupe d'hommes qui avaient peur de son pouvoir. Son fils adoptif, **Brutus**, était l'un des assassins.

- 27

Début de l'Empire

La mort de César déclenche une guerre civile. Elle est remportée par **Octave**, petit-neveu de César. Il met fin à la République en devenant **empereur**.

337

Un empereur chrétien

L'empereur **Constantin** est le premier empereur à être devenu chrétien, en **337**. Il a aussi fondé une ville qui porte son nom, **Constantinople**, à l'est de la Grèce.

395

Division de l'Empire

L'Empire romain, devenu trop grand, est **séparé en 2** : à l'**est**, l'**Empire d'Orient** avec Constantinople ; à l'**ouest**, l'**Empire d'Occident** avec Rome.

410

Les barbares à Rome

Depuis longtemps, les tribus barbares de Germanie essayaient d'envahir l'Empire. Elles arrivent à forcer le passage en **407**. En **410**, leur chef **Alaric Ier**, roi des Wisigoths, entre dans Rome et la pille.

476

La fin de l'Empire

Le dernier empereur romain d'Occident a été renversé en **476** par un chef barbare. C'est la **fin de l'Empire romain d'Occident**. L'Empire d'Orient se maintient autour de Constantinople, jusqu'en **1453**.

Site : endroit où se trouve une ville.
Gaule : ancien nom de la France.
Adoptif : qui a été adopté.
Barbare (ici) : étranger.
Germanie : ancien nom de l'Allemagne.

À retenir

1 **Né en 101 avant J.-C., Jules César est le personnage le plus connu de l'histoire romaine.**

2 **Très ambitieux, il a combattu tous ses adversaires et a cherché à rétablir la royauté.**

3 **C'est aussi un grand général et un grand conquérant. Il a organisé la conquête de la Gaule entre 58 et 52 avant J.-C., en combattant Vercingétorix, le célèbre chef gaulois.**

4 **Devenu trop puissant, Jules César est assassiné en 44 avant J.-C. par des sénateurs, parmi lesquels se trouve son fils adoptif, Brutus.**

Jules César

Le goût du pouvoir

Jules César est l'un des personnages les plus connus de l'histoire romaine. Il est né en 101 avant J.-C. dans une **grande famille romaine** qui prétendait descendre de Vénus, la déesse de l'Amour. Il gravit rapidement les échelons de la carrière des honneurs, *cursus honorum*, et devient consul. Il combat alors ses adversaires afin de rétablir la royauté.

101 av. J.-C.
Naissance de Jules César

58-52 av. J.-C.
Conquête de la Gaule

Un général en chef

Homme politique habile, Jules César est aussi un excellent général. Entre 58 et 52 avant J.-C., **il organise la conquête de la Gaule**.
Face à lui, se dresse Vercingétorix, jeune chef arverne qui combat pour la liberté des Gaulois. Malgré une victoire à Gergovie, Vercingétorix est finalement battu à Alésia.
La Gaule sera romaine pendant plus de 5 siècles.

L'assassinat de Jules César

Devenu trop puissant, Jules César est assassiné en 44 avant J.-C. par un groupe de sénateurs, parmi lesquels se trouve **son fils adoptif, Brutus**. En son souvenir, les empereurs romains porteront plus tard son nom : César est ainsi devenu le nom donné aux empereurs romains.

44 av. J.-C.

Le calendrier julien

Jules César est l'inventeur de notre calendrier. Avant lui, l'année n'avait que 355 jours. César institue l'année de 365 jours avec un jour supplémentaire tous les 4 ans (au mois de février). Il donne son nom au nouveau calendrier et à l'un des 12 mois, celui où **le soleil brille le plus : juillet** (comme Jules) !

Carrière des honneurs : carrière politique qui mène, étape par étape, à la plus haute fonction : consul.
Consul (ici) : chef de l'État et général.
Instituer : créer.

ART PRESSE

À retenir

1 **Les Romains ont une armée très puissante. Elle leur permet de se défendre et de faire de très nombreuses conquêtes.**

2 **L'armée romaine est, à l'origine, composée de tous les citoyens romains qui doivent défendre leur ville en échange de leur liberté. Plus tard, elle est composée de professionnels.**

3 **Dans l'armée romaine, la plupart des soldats sont des légionnaires. Ils sont équipés d'armes de qualité.**

4 **Les Romains utilisent de meilleures tactiques que leurs adversaires et savent construire d'efficaces machines de guerre.**

Défendre Rome

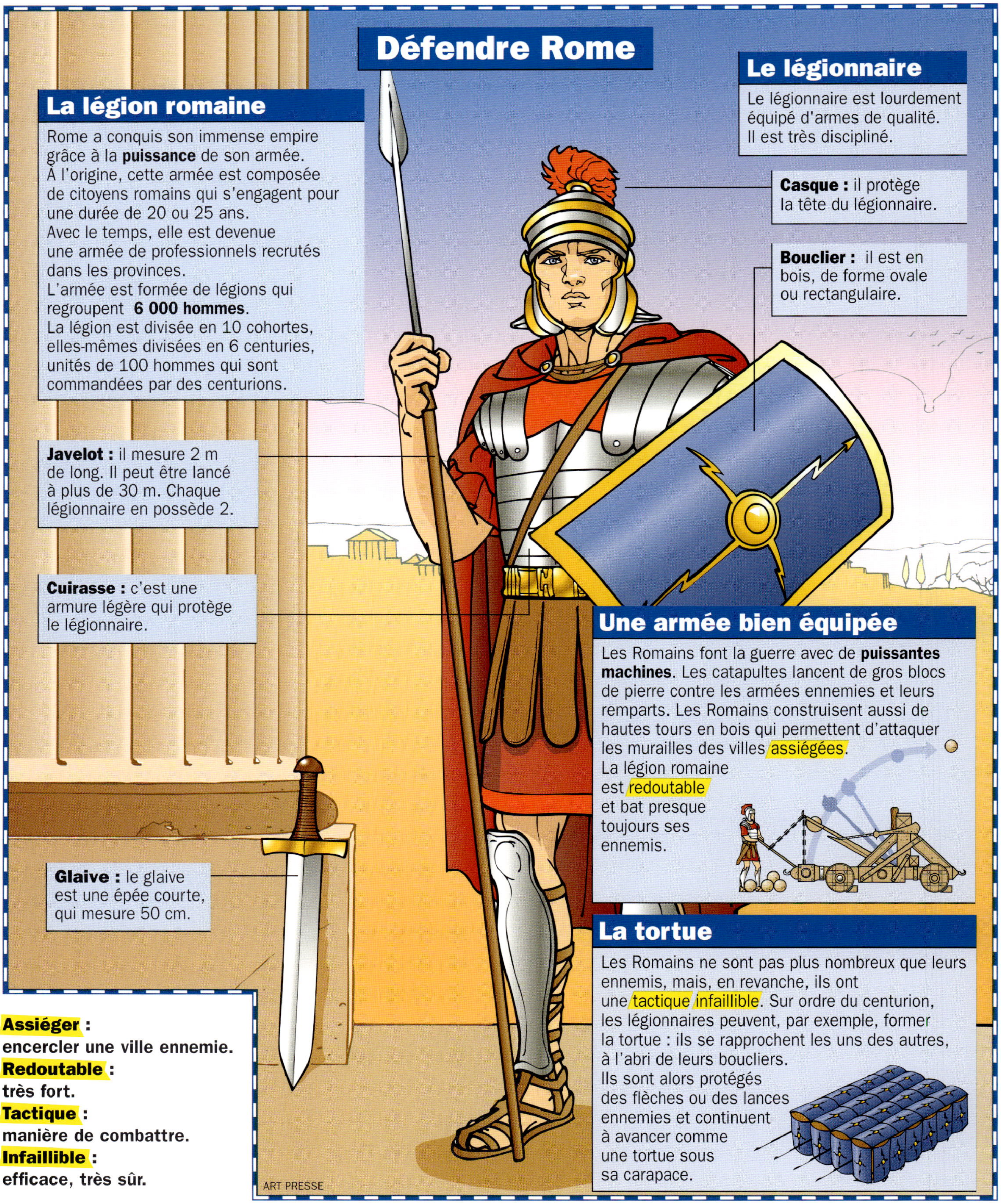

La légion romaine

Rome a conquis son immense empire grâce à la **puissance** de son armée.
À l'origine, cette armée est composée de citoyens romains qui s'engagent pour une durée de 20 ou 25 ans.
Avec le temps, elle est devenue une armée de professionnels recrutés dans les provinces.
L'armée est formée de légions qui regroupent **6 000 hommes**.
La légion est divisée en 10 cohortes, elles-mêmes divisées en 6 centuries, unités de 100 hommes qui sont commandées par des centurions.

Javelot : il mesure 2 m de long. Il peut être lancé à plus de 30 m. Chaque légionnaire en possède 2.

Cuirasse : c'est une armure légère qui protège le légionnaire.

Glaive : le glaive est une épée courte, qui mesure 50 cm.

Le légionnaire

Le légionnaire est lourdement équipé d'armes de qualité.
Il est très discipliné.

Casque : il protège la tête du légionnaire.

Bouclier : il est en bois, de forme ovale ou rectangulaire.

Une armée bien équipée

Les Romains font la guerre avec de **puissantes machines**. Les catapultes lancent de gros blocs de pierre contre les armées ennemies et leurs remparts. Les Romains construisent aussi de hautes tours en bois qui permettent d'attaquer les murailles des villes assiégées.
La légion romaine est redoutable et bat presque toujours ses ennemis.

La tortue

Les Romains ne sont pas plus nombreux que leurs ennemis, mais, en revanche, ils ont une tactique infaillible. Sur ordre du centurion, les légionnaires peuvent, par exemple, former la tortue : ils se rapprochent les uns des autres, à l'abri de leurs boucliers.
Ils sont alors protégés des flèches ou des lances ennemies et continuent à avancer comme une tortue sous sa carapace.

Assiéger : encercler une ville ennemie.
Redoutable : très fort.
Tactique : manière de combattre.
Infaillible : efficace, très sûr.

ART PRESSE

À retenir

1. Dans l'Antiquité, Rome était l'une des plus riches, des plus belles et des plus grandes villes du monde.
2. Au IIᵉ siècle, à l'époque de l'empereur Marc Aurèle, elle comptait plus d'un million d'habitants.
3. Le forum était le cœur de la ville. C'était à la fois un marché, un lieu de discussion et le centre de la vie politique.
4. Rome était alimentée en eau par des aqueducs.
5. Les Romains ont aussi construit des temples pour honorer leurs dieux. Le plus important était celui de Jupiter.

Rome, capitale de l'Empire romain

Dans l'Antiquité, Rome était l'une des plus grandes villes du monde. Sous l'empereur Marc Aurèle (161-180), plus d'un million de personnes y habitaient. C'était une ville magnifique, animée et luxueuse, qui avait de nombreux monuments. Quand ils parlaient de Rome, les Romains disaient tout simplement : la Ville.

Le Colisée

Le Colisée était le plus grand amphithéâtre du monde romain. Le sous-sol renfermait des cages pour les fauves.

Le forum

Le forum était le cœur de la ville, où les Romains venaient faire leurs courses, se rencontrer et discuter. C'était aussi le centre de la vie politique. Les sénateurs se réunissaient juste à côté, dans la Curie.

Les temples

Les Romains avaient de nombreux dieux. Ils construisaient des temples pour les honorer.

Les thermes

Ce sont les bains publics où les Romains se retrouvaient tous les après-midi. Les plus grands sont ceux de Caracalla : ils pouvaient recevoir jusqu'à 1 600 personnes.

Les palais du Palatin

C'étaient 4 palais où résidaient les empereurs.

Le temple de Claude

Chez les Romains, les empereurs faisaient l'objet d'un culte après leur mort. Ce temple est consacré à l'empereur Claude.

Le cirque Maximus

C'est dans ce cirque que se déroulaient les courses de chars. Son nom vient de *maximus*, qui signifie "le plus grand" en latin.

Les aqueducs

De nombreux aqueducs conduisaient l'eau dans la ville. Ils servaient à alimenter les fontaines publiques, les thermes et certaines maisons.

ART PRESSE

Honorer (ici) : rendre hommage.
Aqueduc : construction qui transporte de l'eau d'un endroit à l'autre.
Alimenter : approvisionner.

À retenir

1 Dans la société romaine, les plus riches, appelés patriciens, ont d'immenses fortunes et contrôlent le pouvoir politique.

2 Les plus pauvres, les plébéiens, vivent de la nourriture que leur donnent les patriciens.

3 Les commerçants et les artisans peuplent en majorité Rome. Ils vendent aux Romains les produits de l'empire (blé, vin, lin, coton...).

4 Les citoyens ont des droits particuliers : ils peuvent voter et ne paient pas d'impôt.

5 Les Romains ont des esclaves qu'ils vendent ou achètent comme des objets.

Les habitants de Rome

Riches et pauvres

À Rome, les distinctions sociales sont fondées sur la **fortune**. Les plus riches, que l'on appelle les patriciens, ont d'immenses fortunes. Ils contrôlent le **pouvoir politique**. Les plus pauvres, les plébéiens, vivent de la nourriture que les patriciens leur donnent.

Commerçants et artisans

Ce sont eux qui peuplent en majorité Rome. Ils représentent la classe moyenne. Ce sont des boulangers, des bouchers, des marchands d'huile, des cordonniers... Ils tiennent des échoppes le long des rues et autour du forum et vendent aux Romains les **produits de l'empire** (blé, vin, coton, lin...).

Les esclaves

Les Romains possèdent des esclaves qui les servent. Les esclaves s'achètent et se vendent **comme des choses**. Ils n'ont **aucun droit**. Certains esclaves peuvent être libérés. On les appelle alors des affranchis.

Être citoyen romain

Être citoyen **donne des droits**. Le citoyen peut voter et ne paie pas d'impôt. En échange, il doit servir dans l'armée. Mais seuls les hommes libres ont le droit de cité !

Distinction (ici) : différence.
Classe moyenne : groupe de personnes qui ne sont ni riches ni pauvres.
Échoppe : boutique.
Droit de cité : droit d'être citoyen.

À retenir

1 Le riche Romain vivait dans une grande maison appelée *domus*. Elle n'avait pas d'étage, était rectangulaire et construite autour d'une cour centrale, appelée l'atrium.

2 Le triclinium était la plus belle pièce de la *domus*. C'était là que les Romains prenaient leurs repas.

3 Ils se promenaient l'été dans le péristyle, une cour ouverte.

4 Le tablinium, pièce principale de la *domus*, servait de bureau et de lieu pour recevoir les invités du maître.

À l'intérieur d'une maison romaine

À Rome, la plupart des habitants vivaient dans des immeubles, les* insulae*. Seuls les riches Romains pouvaient s'offrir une maison particulière, appelée* domus*. Le mot domicile vient de là. Une* domus *était une vaste demeure avec des sols en mosaïque, des meubles (divans, tables basses, tabourets, bancs), des tapis et des fresques.

Le tablinium

Il s'agissait de la pièce principale de la maison qui servait à la fois de bureau et de lieu pour recevoir. Le tablinium était habituellement situé entre l'atrium et le péristyle.

Le péristyle

C'était une cour ouverte, décorée de corbeilles de fleurs, de fontaines et de statues. Les Romains venaient s'y promener ou y dîner les soirs d'été, allongés sur des divans.

L'atrium ou patio

L'atrium était une cour centrale. Il était éclairé par un trou fait dans le toit. L'atrium comportait aussi un bassin qui récupérait les eaux de pluie.

Les échoppes

Les propriétaires des maisons louaient aux artisans, le plus souvent des cordonniers, les pièces qui donnaient sur la rue. Ces artisans vivaient dans de petites chambres situées au-dessus de leur boutique.

Les chambres

Elles étaient petites et simplement meublées.

Le triclinium

C'était la salle à manger dans laquelle les Romains prenaient, le soir, des repas longs et savoureux. Le triclinium était la plus belle pièce.

La mosaïque

C'est un tableau composé de milliers de petits cubes colorés. Bien disposés, ils forment un dessin. Les Romains en décoraient les murs et le sol. Ils aimaient beaucoup les scènes de chasse ou de jeux.

La maison romaine vue de l'extérieur

Les toits

Ils étaient recouverts avec des tuiles d'argile.

Les murs

On construisait les maisons avec des pierres, des briques, du ciment et des poutres en bois.

Les fenêtres

Elles étaient très petites pour empêcher les voleurs de pénétrer dans la maison et pour y maintenir la fraîcheur.

ART PRESSE

Fresque : peinture réalisée directement sur un mur.

Disposer : mettre, placer.

À retenir

1 **Le père de famille a une très grande autorité sur sa femme et sur ses enfants.**

2 **Il se lève très tôt, prend un petit déjeuner léger et travaille chez lui avant d'aller au forum jusqu'à l'heure du repas. Il se détend l'après-midi en allant retrouver ses amis aux thermes.**

3 **Le soir, les Romains font de grands banquets, copieux et raffinés.**

4 **Ils mangent allongés sur des lits à trois places et sont servis par des esclaves.**

5 **La vaisselle est d'or, d'argent, de verre ou de terre suivant la richesse de la famille.**

La vie d'une famille patricienne

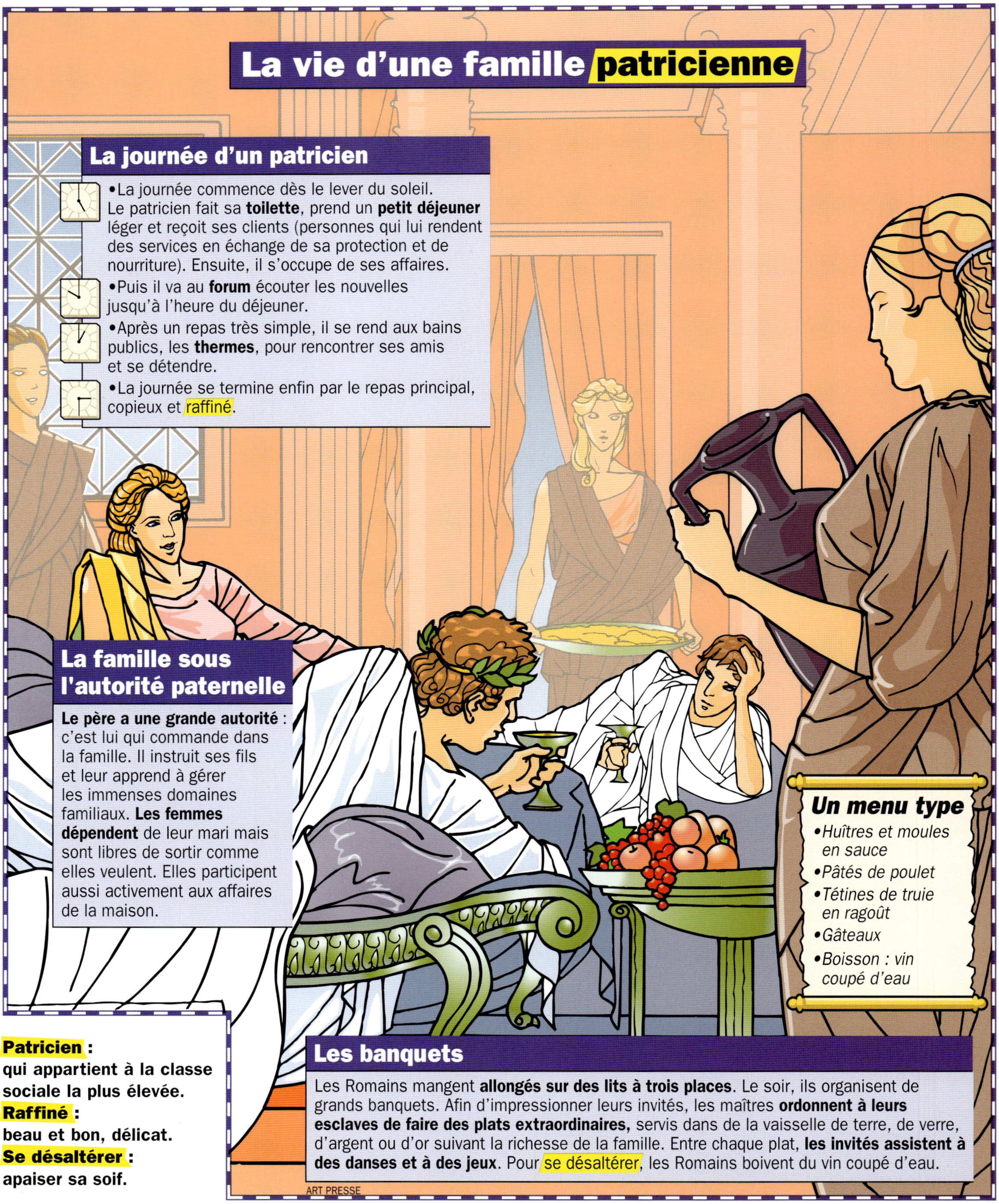

La journée d'un patricien

- La journée commence dès le lever du soleil. Le patricien fait sa **toilette**, prend un **petit déjeuner** léger et reçoit ses clients (personnes qui lui rendent des services en échange de sa protection et de nourriture). Ensuite, il s'occupe de ses affaires.
- Puis il va au **forum** écouter les nouvelles jusqu'à l'heure du déjeuner.
- Après un repas très simple, il se rend aux bains publics, les **thermes**, pour rencontrer ses amis et se détendre.
- La journée se termine enfin par le repas principal, copieux et raffiné.

La famille sous l'autorité paternelle

Le père a une grande autorité : c'est lui qui commande dans la famille. Il instruit ses fils et leur apprend à gérer les immenses domaines familiaux. **Les femmes dépendent** de leur mari mais sont libres de sortir comme elles veulent. Elles participent aussi activement aux affaires de la maison.

Un menu type

- *Huîtres et moules en sauce*
- *Pâtés de poulet*
- *Tétines de truie en ragoût*
- *Gâteaux*
- *Boisson : vin coupé d'eau*

Les banquets

Les Romains mangent **allongés sur des lits à trois places**. Le soir, ils organisent de grands banquets. Afin d'impressionner leurs invités, les maîtres **ordonnent à leurs esclaves de faire des plats extraordinaires,** servis dans de la vaisselle de terre, de verre, d'argent ou d'or suivant la richesse de la famille. Entre chaque plat, **les invités assistent à des danses et à des jeux**. Pour se désaltérer, les Romains boivent du vin coupé d'eau.

ART PRESSE

Patricien : qui appartient à la classe sociale la plus élevée.
Raffiné : beau et bon, délicat.
Se désaltérer : apaiser sa soif.

À retenir

1 Tous les Romains, filles et garçons, riches et pauvres, allaient à l'école dès l'âge de 7 ans et jusqu'à 11 ans.

2 Les petits Romains apprenaient à lire, à écrire et à compter sur des tablettes de cire.

3 Ils n'utilisaient pas les mêmes chiffres que nous, mais des lettres qu'il fallait additionner ou soustraire.

4 Le maître était très sévère et se servait souvent de sa férule.

5 Les petits Romains jouaient aux osselets, à la toupie ou aux billes. Les filles préféraient jouer à la balle ou au cerceau.

Étudier à Rome

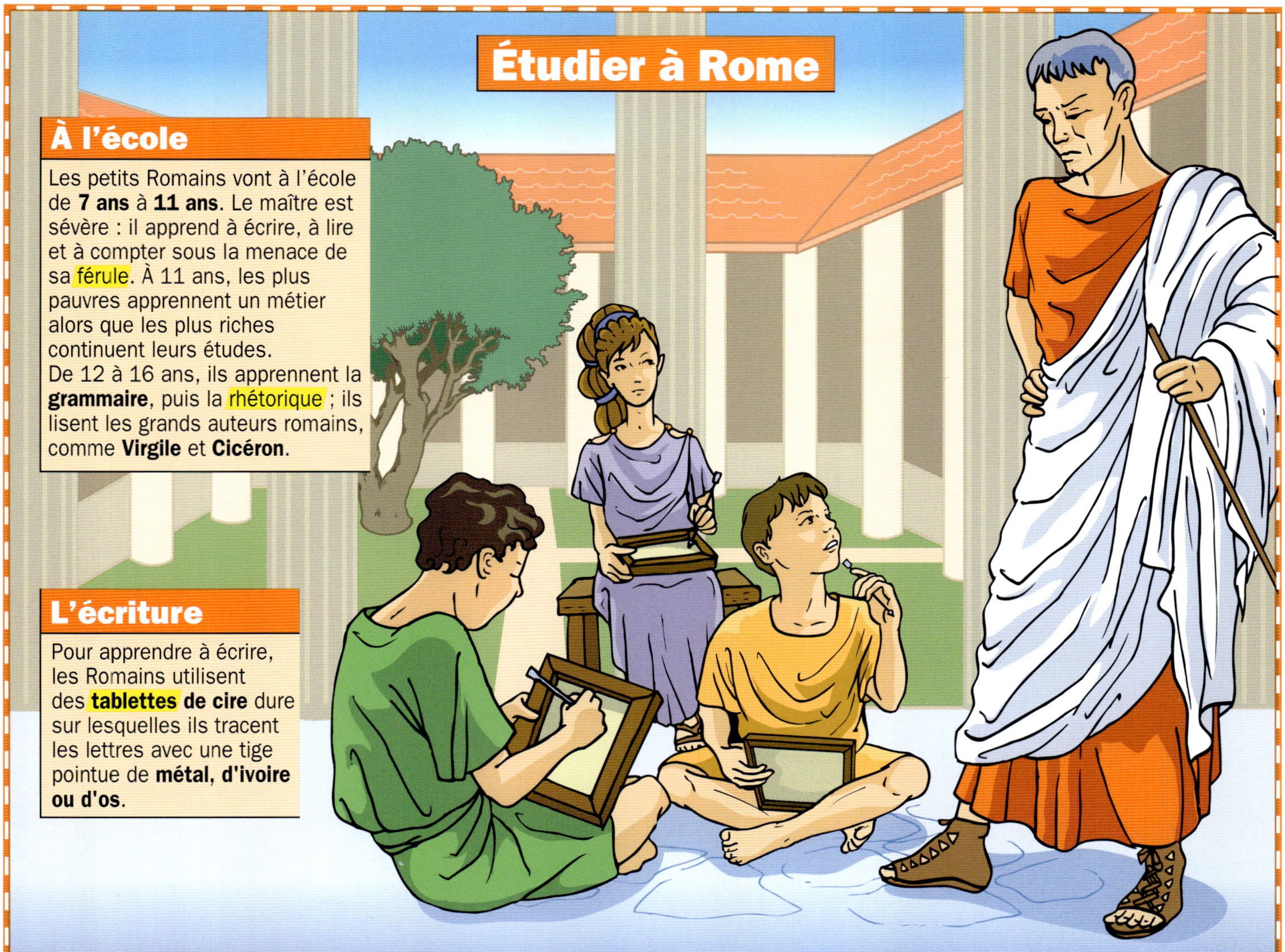

À l'école

Les petits Romains vont à l'école de **7 ans** à **11 ans**. Le maître est sévère : il apprend à écrire, à lire et à compter sous la menace de sa férule. À 11 ans, les plus pauvres apprennent un métier alors que les plus riches continuent leurs études.
De 12 à 16 ans, ils apprennent la **grammaire**, puis la rhétorique ; ils lisent les grands auteurs romains, comme **Virgile** et **Cicéron**.

L'écriture

Pour apprendre à écrire, les Romains utilisent des **tablettes de cire** dure sur lesquelles ils tracent les lettres avec une tige pointue de **métal, d'ivoire ou d'os**.

Des osselets...

Quand ils ne vont pas à l'école, les enfants jouent beaucoup. La plupart des jeux auxquels jouaient les Romains existent encore aujourd'hui, comme les **osselets**, la **toupie**, les **dés**. Ils jouaient même aux **billes** avec des **noix** !

... ou des balles

Les filles jouent plutôt à la **balle**, au **cerceau** ou à la **poupée**.
Les **Yo-Yo**, en bois ou en métal, sont aussi très appréciés.

Les chiffres romains

Pour écrire tous les chiffres et les nombres, les Romains utilisaient sept lettres majuscules.
I=1 ; V=5 ; X=10 ; L=50 ; C=100 ; D=500 ; M=1000.

- Plusieurs lettres identiques s'additionnent. Par exemple, III=3, XX=20, MM=2000.
- Si un chiffre ou un nombre plus petit est placé après un plus grand, il s'additionne aussi. Par exemple, VI=6 (5+1), XV=15 (10+5), LI=51 (50+1).
- Si un chiffre ou un nombre plus petit est placé avant un plus grand, alors il se soustrait. Par exemple : IV=4 (5–1) ; IX=9 (10–1) ; XL=40 (50–10).

Férule : petite baguette.
Rhétorique : art de bien parler.
Tablette : petite planche.
Soustraire : faire une soustraction.

À retenir

1 Les Romains sont polythéistes : ils croient en plusieurs dieux.

2 Les dieux de la cité protègent les habitants de Rome. Mais chaque famille prie aussi les dieux du foyer, que l'on appelle les mânes, les pénates et les lares.

3 Afin d'honorer leurs dieux, les Romains leur offrent de petits cadeaux, comme des gâteaux, du miel ou du vin.

4 Avant de prendre une décision, les Romains interrogent les dieux. Ce sont les prêtres qui interprètent leurs messages.

Les Romains et la religion

Les Romains, polythéistes, croient en de nombreux dieux. Ils ont deux sortes de dieux. Les dieux de la cité, dominés par Jupiter, protègent la ville de Rome. Les dieux de la famille et de la maison, les mânes, les pénates et les lares, protègent seulement la maison et la famille qui les honore.

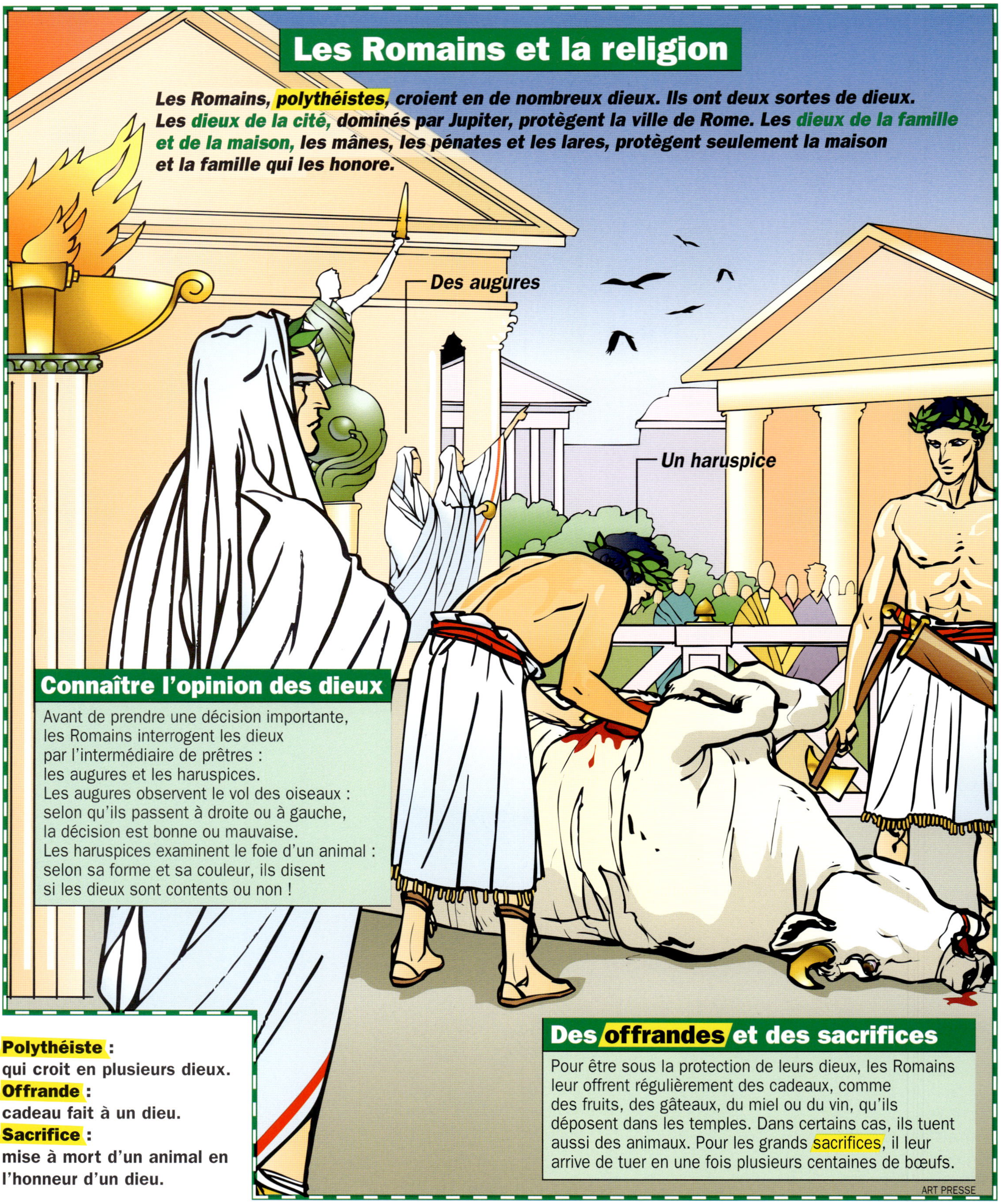

Connaître l'opinion des dieux

Avant de prendre une décision importante, les Romains interrogent les dieux par l'intermédiaire de prêtres : les augures et les haruspices.
Les augures observent le vol des oiseaux : selon qu'ils passent à droite ou à gauche, la décision est bonne ou mauvaise.
Les haruspices examinent le foie d'un animal : selon sa forme et sa couleur, ils disent si les dieux sont contents ou non !

Des offrandes et des sacrifices

Pour être sous la protection de leurs dieux, les Romains leur offrent régulièrement des cadeaux, comme des fruits, des gâteaux, du miel ou du vin, qu'ils déposent dans les temples. Dans certains cas, ils tuent aussi des animaux. Pour les grands sacrifices, il leur arrive de tuer en une fois plusieurs centaines de bœufs.

ART PRESSE

Polythéiste : qui croit en plusieurs dieux.
Offrande : cadeau fait à un dieu.
Sacrifice : mise à mort d'un animal en l'honneur d'un dieu.

LES DOCS DES INCOLLABLES

Le Quiz ! DES INCOLLABLES

Es-tu prêt pour un petit test malin ?

De quoi te faire devenir incollable sur le sujet, et piéger tes amis et tes parents.

Le Qu
Des inco
À toi de

1 Pour les Romains, qui est le dieu de la Guerre ?
- *Pluton*
- *Jupiter*
- *Mars*

2 Quels édifices permettaient d'alimenter les villes romaines en eau ?

3 Selon la légende, quelle est la date de la fondation de Rome ?

4 Dans quel lieu les sénateurs siégeaient-ils à Rome ?
- *la basilique*
- *le forum*
- *la Curie*

5 À quel chiffre d'aujourd'hui correspond le chiffre romain XXIII ?

6 Comment appelait-on un soldat romain ?

7 Que signifiait le pouce levé de l'empereur lors d'un combat de gladiateurs ?
- *l'arrêt du combat*
- *la vie sauve pour le perdant*
- *le spectacle lui plaisait beaucoup*

8 Un riche romain était-il un plébéien ou un patricien ?

9 De quel pays venait le vin préféré des Romains ?
- *d'Espagne*
- *de Gaule*
- *de Constantinople*

10 Autour de quelle mer l'Empire romain s'étendait-il ?

11 Comment appelait-on un esclave libéré ?

12 Quelle petit baguette les maîtres romains utilisaient-ils pour punir leurs élèves ?
- *une fibule*
- *une férule*
- *une trabule*

13 Dans quel endroit les Romains allaient-ils prendre des bains ?

14 Combien de soldats une légion comptait-elle ?
- *600*
- *6 000*
- *60 000*

15 Dans la légende, par qui Remus et Romulus ont-ils été élevés ?

Bacchus

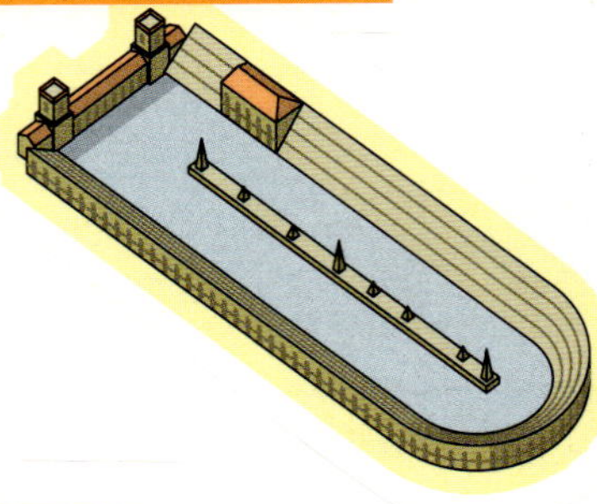

Cirque Maximus

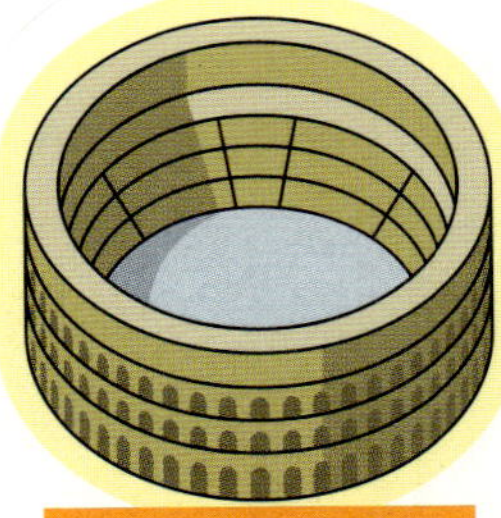

Le Colisée

Gladiateur

Lion

Intérieur du Colisée

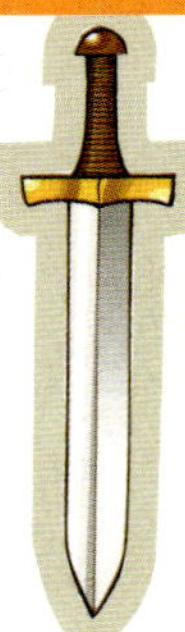

Glaive

L'Empire romain

Mars

Le forum

Catapulte

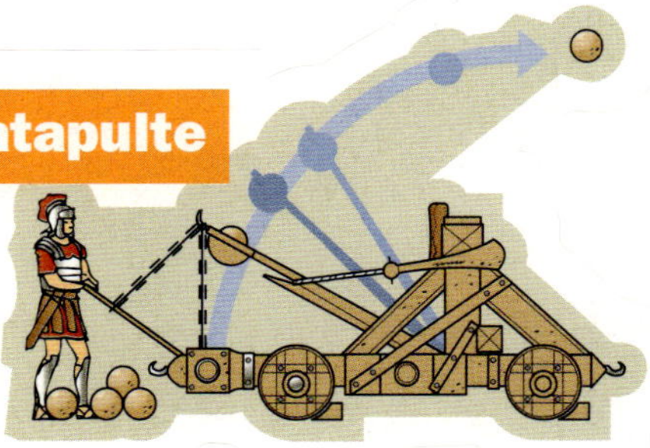

La tortue

Alaric Ier

Casque barbare

Casque romain

Jules César

Musicien

Actrice

Se divertir

Écrire sur des tablettes de cire

Louve romaine

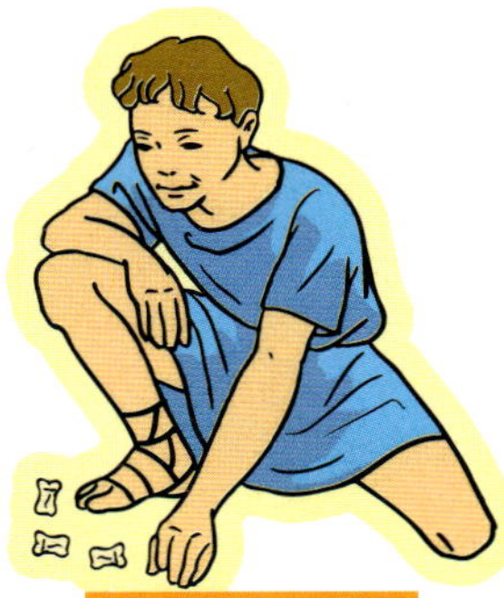

Jeu des osselets

Le Colisée aujourd'hui

Vénus

Junon

Temple de Jupiter

Sesterce

Temple d'Apollon

Diane

Jupiter

16 Quel grand général romain a conquis la Gaule ?

17 Quel nom portait la cour centrale des domus, les maisons romaines ?
- *le péristyle*
- *le tablinium*
- *l'atrium*

18 Qui étaient les Germains ?

19 Quel empereur a été assassiné par des sénateurs dont son fils Brutus ?

20 Pour les Romains, qui était le maître des Dieux?

21 Quel lieu était désigné par le forum ?
- *la place publique*
- *le temple*
- *le théâtre*

22 Comment appelait-on l'épée du soldat romain ?

23 Vrai ou faux ? Les citoyens romains pouvaient voter et ne payaient pas d'impôts.

24 Quelle ville, actuellement en Tunisie, a été détruite par les Romains en 146 av. J.-C. ?
- *Carthage*
- *Constantinople*
- *Tunis*

25 Quelles machines lançant de gros blocs de pierre les Romains utilisaient-ils ?

26 Dans quel endroit de Rome se déroulaient les courses de chars ?
- *le Colisée*
- *le cirque Maximus*
- *le Forum*

27 Quels prêtres lisaient l'avenir dans le vol des oiseaux : les augures ou les haruspices ?

28 Quelle était la pièce la plus célèbre de la monnaie romaine ?
- *le coquillage*
- *l'écu*
- *le sesterce*

29 Vrai ou faux ? Les Romains s'asseyaient à table pour manger.

30 Quel produit remplaçait le savon dans les bains publics ?
- *l'huile d'olive*
- *la cire*
- *l'argile*

Le Quiz ! DES INCOLLABLES

Réponses

1	Mars.	16	Jules César.
2	Les aqueducs.	17	L'atrium (le péristyle est une cour intérieure et le tablinium est un bureau).
3	753 av. J.-C.	18	Des barbares du nord de l'Europe.
4	La Curie.	19	Jules César.
5	23.	20	Jupiter.
6	Un légionnaire.	21	La place publique.
7	La vie sauve pour le perdant.	22	Le glaive.
8	Un patricien.	23	Vrai.
9	De Gaule.	24	Carthage.
10	La mer Méditerranée.	25	Les catapultes.
11	Un affranchi.	26	Le cirque Maximus.
12	Une férule.	27	Les augures.
13	Aux thermes.	28	Le sesterce.
14	6 000 soldats.	29	Faux, ils mangeaient allongés.
15	Par une louve.	30	L'huile d'olive.

Alors, quel est ton score ?

De 0 à 10 bonnes réponses :
Tu peux certainement mieux faire…

De 11 à 20 bonnes réponses :
C'est un bon début, mais tu peux encore progresser…

De 21 à 30 bonnes réponses :
C'est bien, surtout si tu as les 30 bonnes réponses…

À retenir

1 **Parmi les 30 000 dieux romains, certains sont plus importants que d'autres.**

2 **Tous les dieux ont une fonction particulière. Jupiter est le père et le maître des dieux.**

3 **Junon, son épouse, est la déesse de la Maternité et du Mariage.**

4 **Les dieux sont représentés avec leurs attributs. Diane porte un arc et des flèches, Mars un casque et des armes, Bacchus tient des grappes de raisin...**

5 **Les Romains ont les mêmes dieux que les Grecs, mais ils leur donnent des noms différents.**

Les dieux de la mythologie romaine

Les Romains prient des milliers de dieux. Mais certains sont plus importants que d'autres. On construit pour ceux-là les plus grands et les plus beaux temples de Rome et on organise en leur honneur des sacrifices et de superbes fêtes.

Jupiter

Il représente la force et l'autorité. C'est le dieu du Ciel et le **maître des dieux**. Tout le monde le craint. Pour punir les hommes, il peut leur envoyer la foudre.

Junon

C'est la femme de Jupiter, la **reine des dieux**. Elle est la déesse du Mariage. Elle protège les femmes enceintes et les bébés.

Mars

Mars est le **dieu de la Guerre**. Il est toujours représenté en soldat, avec un casque et des armes.

Diane

Diane règne sur la Lune. C'est aussi la **déesse de la Chasse**. Elle est représentée avec un arc, des flèches et une biche.

Vénus

Vénus est la **déesse de l'Amour** et de la Beauté. Jules César prétendait qu'il descendait de Vénus.

Bacchus

C'est le **dieu du Vin, de la Fête et du Théâtre**. Il est très aimé des Romains, car il apporte la joie et fait oublier les soucis. On le représente souvent tenant du raisin dans ses mains.

Dieux romains et dieux grecs

Les Romains et les Grecs avaient les mêmes dieux qu'ils n'appelaient pas du même nom.

Nom romain / nom grec

Jupiter = Zeus
Junon = Héra
Vénus = Aphrodite
Mars = Arès
Diane = Artémis
Bacchus = Dionysos

ART PRESSE

Attribut : objet qui caractérise un dieu et représente sa fonction.
Régner : gouverner.

À retenir

1 À l'origine, le forum est une grande place où les citoyens se rassemblent pour voter. Il est peu à peu devenu le centre de la vie politique romaine.

2 Autour du forum se trouvent les principaux bâtiments publics, en particulier la Curie où se réunissent les sénateurs.

3 On y trouve aussi de superbes temples consacrés aux dieux et des statues qui représentent les grands hommes de l'Empire.

4 Avec l'agrandissement de la ville, d'autres forums ont été construits. Rome compte ainsi plusieurs forums, datant de différentes époques.

Le forum

À Rome et dans toutes les autres villes de l'Empire romain, le forum est le cœur de la cité. À l'origine, le forum est une grande place où les citoyens se réunissent pour voter. Puis il devient aussi un grand marché, entouré par de nombreuses boutiques.

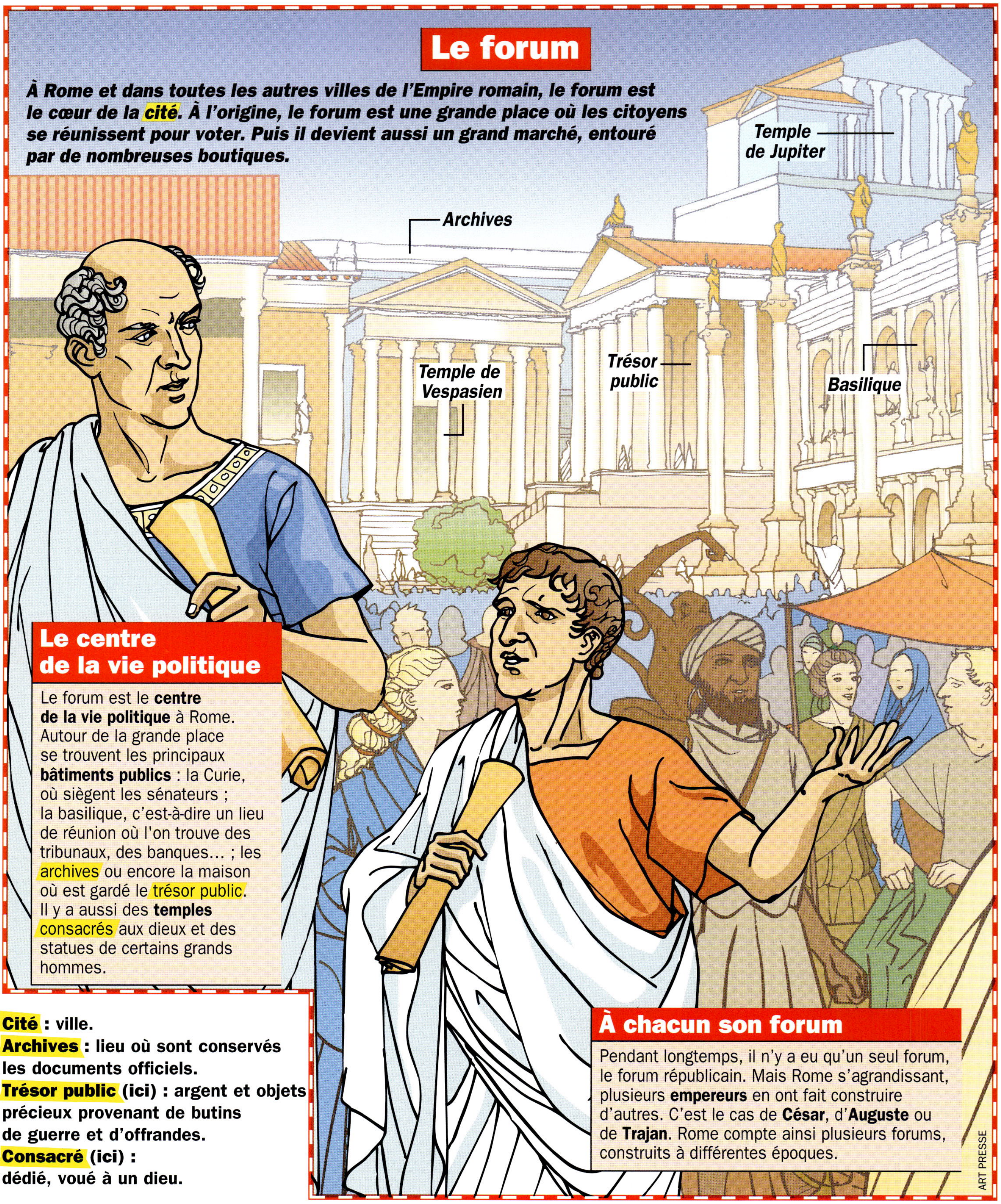

Le centre de la vie politique

Le forum est le **centre de la vie politique** à Rome. Autour de la grande place se trouvent les principaux **bâtiments publics** : la Curie, où siègent les sénateurs ; la basilique, c'est-à-dire un lieu de réunion où l'on trouve des tribunaux, des banques… ; les archives ou encore la maison où est gardé le trésor public. Il y a aussi des **temples** consacrés aux dieux et des statues de certains grands hommes.

À chacun son forum

Pendant longtemps, il n'y a eu qu'un seul forum, le forum républicain. Mais Rome s'agrandissant, plusieurs **empereurs** en ont fait construire d'autres. C'est le cas de **César**, d'**Auguste** ou de **Trajan**. Rome compte ainsi plusieurs forums, construits à différentes époques.

Cité : ville.
Archives : lieu où sont conservés les documents officiels.
Trésor public (ici) : argent et objets précieux provenant de butins de guerre et d'offrandes.
Consacré (ici) : dédié, voué à un dieu.

À retenir

1 Les thermes sont le lieu où les Romains prennent soin de leur corps. Les femmes s'y rendent le matin, les hommes l'après-midi.

2 On peut s'y baigner, mais aussi discuter, se promener ou faire du sport.

3 Les Romains prennent un bain de vapeur, un bain chaud, puis un bain tiède et se plongent ensuite dans l'eau glacée.

4 Ils se font masser, huiler et frotter avec du sable par des esclaves.

5 Les thermes sont chauffés grâce à de l'air chaud circulant sous le sol.

Les thermes

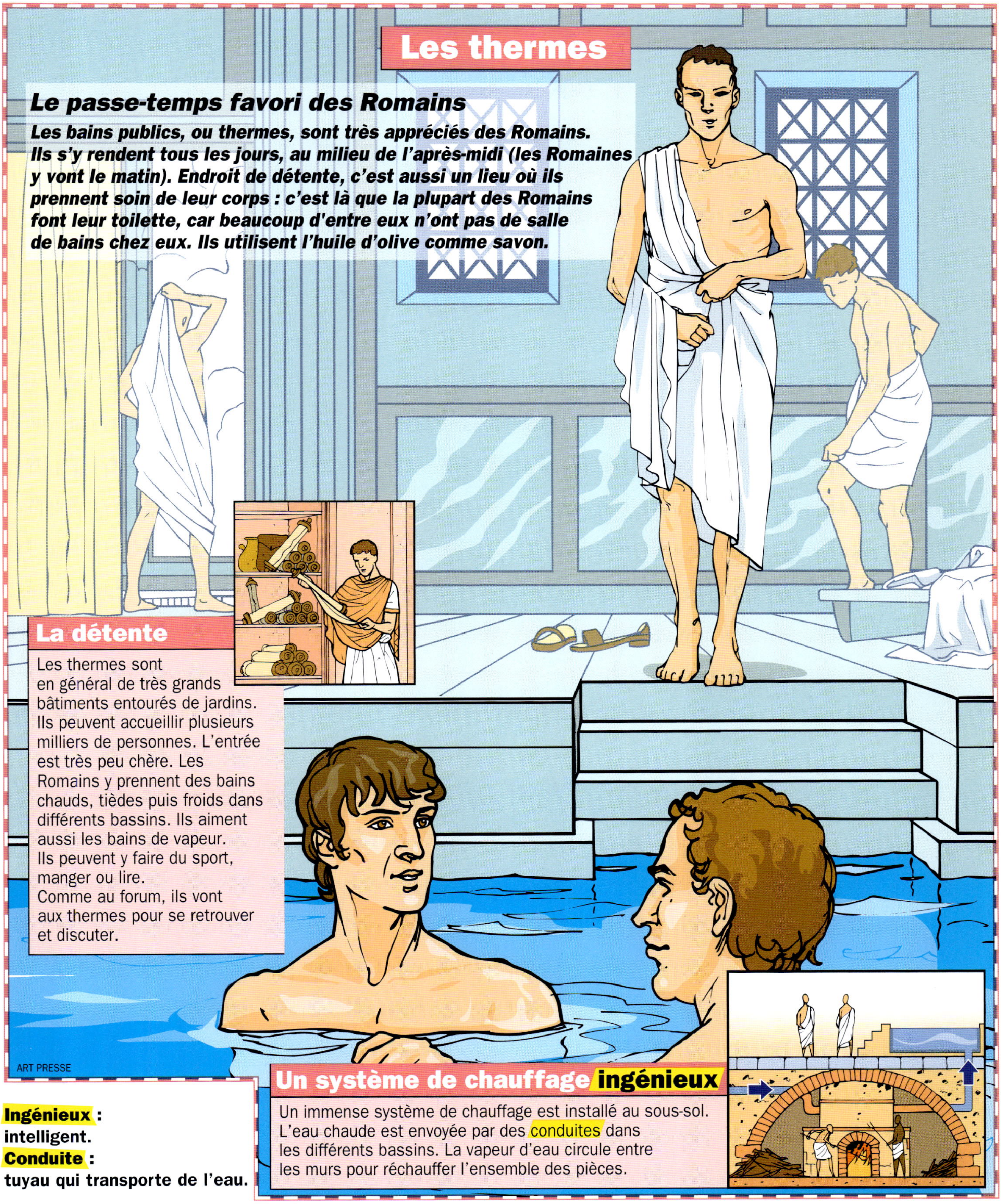

ART PRESSE

Le passe-temps favori des Romains

Les bains publics, ou thermes, sont très appréciés des Romains. Ils s'y rendent tous les jours, au milieu de l'après-midi (les Romaines y vont le matin). Endroit de détente, c'est aussi un lieu où ils prennent soin de leur corps : c'est là que la plupart des Romains font leur toilette, car beaucoup d'entre eux n'ont pas de salle de bains chez eux. Ils utilisent l'huile d'olive comme savon.

La détente

Les thermes sont en général de très grands bâtiments entourés de jardins. Ils peuvent accueillir plusieurs milliers de personnes. L'entrée est très peu chère. Les Romains y prennent des bains chauds, tièdes puis froids dans différents bassins. Ils aiment aussi les bains de vapeur. Ils peuvent y faire du sport, manger ou lire. Comme au forum, ils vont aux thermes pour se retrouver et discuter.

Un système de chauffage ingénieux

Un immense système de chauffage est installé au sous-sol. L'eau chaude est envoyée par des conduites dans les différents bassins. La vapeur d'eau circule entre les murs pour réchauffer l'ensemble des pièces.

Ingénieux : intelligent.
Conduite : tuyau qui transporte de l'eau.

À retenir

1. Pour les Romains, comme pour les Grecs, le théâtre est d'abord une fête religieuse.
2. Les pièces sont représentées en plein air dans des bâtiments en arc de cercle, appelés amphithéâtres.
3. Les comédies sont les pièces préférées des Romains. Ils aiment en particulier les personnages ridicules dont ils peuvent se moquer.
4. De nombreuses machines permettent de changer les décors rapidement.
5. Le public est très indiscipliné : il siffle et monte parfois sur scène pour chasser les acteurs.

Le théâtre à Rome

De grands spectacles

Au théâtre, les Romains aiment surtout les comédies bouffonnes qui mettent en scène des personnages ridicules. Ils apprécient en particulier Maccus et Bucco, le goinfre et le vantard, ou Pappus, le vieil avare. Les décors et les costumes sont magnifiques. De nombreuses machines, cachées sous la scène ou dans les coulisses, permettent d'imiter le tonnerre, de faire jaillir de l'eau ou de faire descendre des acteurs du ciel...

Une fête religieuse

Pour les Romains, comme pour les Grecs avant eux, le théâtre est d'abord une fête religieuse. C'est une manière d'honorer Bacchus, le dieu de la Joie et du Vin. Bacchus est aussi le dieu de l'Inspiration artistique.

Un public agité

Le public romain est agité. Quand une pièce ne lui plaît pas, il siffle, monte sur scène et parfois chasse ou bat les acteurs. À Rome, les acteurs sont des esclaves ou des affranchis. Ils sont très mal vus ; mais certains arrivent à faire fortune et à être bien considérés par le public.

ART PRESSE

Bouffon : ridicule, comique.
Coulisses : partie du théâtre située sur les côtés et derrière la scène.
Inspiration : élan créatif, ce qui donne des idées pour créer.
Affranchi : esclave rendu libre.

À retenir

1. Les Romains étaient très souvent au spectacle : jeux d'eau, courses de chars et combats de gladiateurs.
2. Ils aimaient par-dessus tout les spectacles violents, comme les combats entre hommes.
3. Les gladiateurs s'affrontaient chacun avec des armes différentes. Ceux qui perdaient pouvaient être mis à mort sur ordre de l'empereur.
4. Des grands fauves, comme les lions, faisaient aussi partie des combats.
5. Les spectacles avaient lieu dans d'immenses constructions, comme le Colisée à Rome.

Les jeux du cirque

Des spectacles vivants et violents

Les Romains adoraient les spectacles. Ils assistaient souvent à des jeux d'eau ou à des courses de chars. Ils aimaient surtout les spectacles cruels et violents, tels que les combats entre hommes armés. On appelait ces combattants des gladiateurs.

La vie ou la mort

Quand il tenait son adversaire à sa merci, le gladiateur se tournait vers la tribune impériale. Si l'empereur baissait le pouce, le perdant était mis à mort. S'il le levait, le perdant avait la vie sauve.

Les gladiateurs

C'étaient en général des condamnés, des prisonniers de guerre ou des professionnels, entraînés dans des écoles spéciales. Il y avait deux sortes de gladiateurs : les **rétiaires** avec leur trident, leur poignard et leur filet, et les **Mirmillons**, armés d'un bouclier, d'un sabre court, d'un casque et de jambières…

Les bêtes fauves

Des fauves ramenés d'Afrique, comme des **lions**, des **panthères** ou des **guépards**, participaient aussi aux spectacles. Ils étaient lancés contre des condamnés à mort ou s'affrontaient entre eux.

Tenir à sa merci :
dominer, maîtriser.
Trident :
fourche à trois pointes.
Jambière :
protection pour les jambes.
Amphithéâtre :
théâtre romain circulaire construit pour accueillir des combats de gladiateurs.

Des monuments gigantesques

Les spectacles avaient lieu dans de gigantesques monuments. Le plus fameux est l'amphithéâtre Flavien, à Rome, plus connu sous le nom de **Colisée**. C'était un immense bâtiment circulaire qui pouvait contenir **50 000 personnes**. Ses ruines sont encore visibles aujourd'hui.

ART PRESSE

À retenir

1 Les Romains échangent des produits dans tout leur empire et même bien au-delà, jusqu'en Inde et en Chine. Ils sont de grands marchands.

2 Les marchandises sont transportées par bateau à travers la Méditerranée, mais aussi par la terre, grâce à des voies pavées.

3 Les Romains achètent des produits très variés. Ils font venir leur blé de Sicile, d'Afrique et d'Égypte, leurs métaux d'Espagne et la soie de Chine et d'Inde.

4 Une monnaie unique est acceptée dans tout l'empire.

Un peuple de commerçants

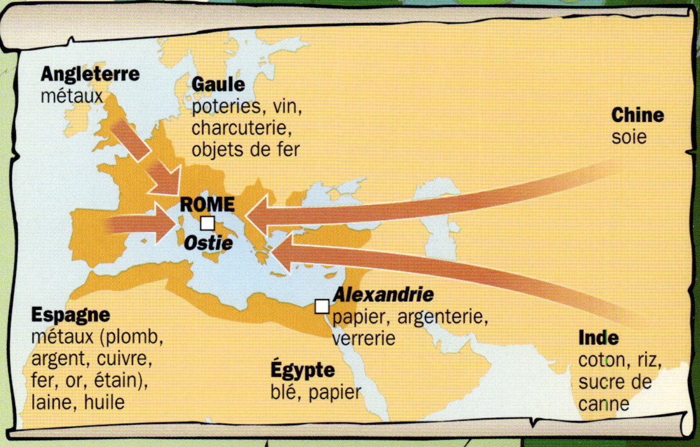

De grands commerçants

Les Romains sont de grands commerçants. Ils achètent et vendent des produits dans tout l'empire et même en dehors. Les échanges se font par caravanes. Certains marchands romains sont en contact avec d'autres, originaires de pays lointains comme la Chine ou l'Inde. Ils leur achètent du coton, du riz et de la soie.

Des échanges par mer ou par terre

Les marchands romains font avant tout du commerce maritime à travers la Méditerranée. Il leur faut 18 jours de bateau pour aller d'Ostie, le port de Rome, à Alexandrie, en Égypte. Les Romains transportent aussi leurs marchandises par fleuves et par routes. Mais ces moyens de transport sont plus longs et plus compliqués.

Des produits variés

Rome attire à elle des produits venus de toutes les parties de l'empire. Le blé, qui sert à faire le pain que mangent les Romains, vient de Sicile, d'Afrique et d'Égypte. L'huile d'olive, qui assaisonne la plupart des plats, vient d'Espagne, comme une grande partie des métaux nécessaires à la construction des armes. Et les Romains adorent le vin de Gaule : ils l'achètent en grande quantité.

Les Romains ont imposé une monnaie unique dans tout l'empire. La plus célèbre pièce de cette monnaie est le sesterce. C'est une petite pièce ronde composée d'un gramme d'argent. Sur l'une de ses faces est représenté le visage de l'empereur.

Caravane : groupe d'hommes et de chevaux qui transportent des marchandises.

ART PRESSE

À retenir

1 Rome a conquis un immense empire. Au IIIe siècle, il s'étend de la mer du Nord, en Europe, jusqu'au désert de l'Arabie, en Asie.

2 L'Empire romain compte alors 50 millions d'habitants.

3 Les Germains habitent depuis longtemps à la frontière nord-est de cet empire. Ils admirent les Romains et vivent en paix avec eux.

4 Mais, quand l'Empire s'affaiblit, ils l'envahissent afin de s'emparer de ses richesses.

5 Il n'y a plus d'Empire romain en Occident à compter de 476. C'est la fin de l'Antiquité.

La fin de l'Empire romain

Un empire de 50 millions d'habitants

Petite ville à l'origine, Rome est devenue la capitale d'un vaste empire, le plus grand de l'époque. Au IIIe siècle, il comprend une partie de l'Europe actuelle, tout le nord de l'Afrique et une partie de l'Asie, soit environ 50 millions d'habitants.

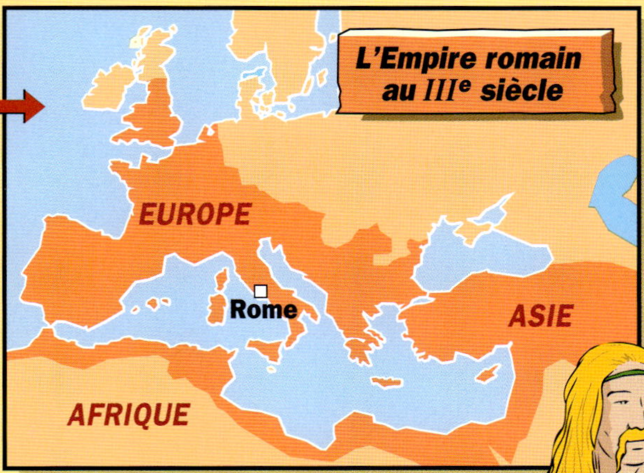

Des barbares longtemps tranquilles

Pendant de nombreux siècles, les barbares du nord de l'Europe, les Germains, vivent aux frontières de l'Empire romain sans l'attaquer. Ils sont pleins d'admiration pour les Romains qu'ils trouvent riches, puissants et cultivés.

410 : La chute de Rome

Mais, à partir du IIIe siècle, l'Empire romain commence à s'affaiblir. Les Germains en profitent alors pour s'y infiltrer. Puis, le 31 décembre 406, ils franchissent le Rhin et envahissent l'Empire romain. Plus personne ne peut leur résister. En 410, Alaric Ier, le roi d'un des peuples germains, les Wisigoths, prend Rome et la pille. C'est la chute de Rome.

476 : La fin de l'Empire romain

En 476, le dernier empereur à Rome est détrôné par un chef barbare. C'est la fin de l'Empire romain d'Occident. L'Empire romain d'Orient résiste et survit jusqu'en 1453. Il prend le nom d'Empire byzantin.
Pour les historiens, l'année 476 marque la fin de l'Antiquité et le début du Moyen Âge.

S'infiltrer : entrer à l'intérieur.
Franchir : traverser.

À retenir

1 C'est grâce aux différentes fouilles **archéologiques** que l'on connaît la civilisation gallo-romaine.

2 Certaines habitations ont pu être reconstituées grâce aux observations des archéologues et aux **vestiges** qu'ils ont retrouvés.

3 Les voies romaines sont encore visibles aujourd'hui et certaines de nos routes actuelles en reprennent le tracé.

4 On peut encore voir de grands monuments, tels que le pont du Gard, les arènes de Nîmes et l'arc de triomphe d'Orange.

Les fouilles archéologiques

De nombreux sites archéologiques

Les travaux des archéologues ont permis de **reconstituer certaines habitations,** telles que **la villa gallo-romaine de Montmaurin,** en Haute-Garonne. Et de découvrir les **voies romaines** qui reliaient les villes entre elles. Aujourd'hui, certaines de nos routes suivent encore le tracé de ces voies.

Des monuments encore visibles

Aujourd'hui encore, de nombreux monuments témoignent de la richesse de la civilisation gallo-romaine.

Le pont du Gard, près de Nîmes
(sud de la France)

La Maison carrée de Nîmes
(sud de la France)

L'arc de triomphe d'Orange
(sud de la France)

Archéologique : qui cherche à retrouver les traces des civilisations passées.
Vestiges : objets, traces du passé.
Céramique (ici) : poterie de terre cuite.

5W Infografic

Parents, votre opinion nous intéresse !

Si vous faites partie des 100 premières réponses, vous recevrez **en cadeau Les Docs des Incollables** de votre choix.

Vous avez découvert Les Docs des Incollables pour la première fois :

❑ En magasin ❑ Par votre enfant qui les a vus à l'école
❑ Par les médias en général ❑ Par des amis, la famille
❑ Via *Mon Quotidien* ou *Le Petit Quotidien*
❑ Autre : ....

Quel(s) autre(s) titre(s) de cette collection possédez-vous ?

❑ Les chevaux ❑ La géographie de la France
❑ La conquête de l'Espace ❑ La Grèce antique
❑ Le corps humain ❑ Le Moyen Âge
❑ Les dauphins et baleines ❑ Les premiers hommes
❑ Le débarquement ❑ Les planètes
❑ Les dinosaures ❑ Le président de la République
❑ L'énergie ❑ La protection de l'environnement
❑ L'Égypte ❑ La 1re guerre mondiale
❑ L'Empire romain ❑ La 2nde guerre mondiale
❑ L'Europe et l'Euro ❑ Les rois de France
❑ La Gaule et les Gaulois ❑ La révolution française
❑ La génétique ❑ Aucun, c'est le premier que vous achetez

Le titre dont est issu ce questionnaire :

❑ Vous l'avez acheté à votre enfant ❑ Votre enfant l'a reçu en cadeau
❑ Votre enfant l'a acheté

À quel enfant ce titre est-il destiné :

Son année de naissance : .... Son sexe : ❑ garçon ❑ fille

Votre enfant s'est intéressé à ce documentaire :

❑ Pas du tout ❑ Beaucoup
❑ Un peu ❑ Énormément

L'a-t-il emporté à l'école ? ❑ Oui ❑ Non

À quelle occasion avez-vous acheté ce titre : (plusieurs réponses possibles)

❑ Pour approfondir un thème scolaire
❑ Dans le cadre d'un exposé à faire à l'école
❑ Par intérêt de votre enfant pour le thème
❑ Sur demande de votre enfant
❑ Pour un cadeau
❑ Sans occasion particulière
❑ Autre : ....

Quel(s) autre(s) titre(s) achèteriez-vous probablement dans la collection ?

❑ Le football ❑ Les grandes inventions ❑ L'histoire de France
❑ L'Amérique ❑ Les Media et Internet ❑ La Renaissance
❑ L'Afrique ❑ La musique ❑ Le siècle des Lumières
❑ Les drapeaux ❑ Napoléon ❑ Les religions
❑ Les volcans ❑ Louis XIV et Versailles
❑ La naissance de la vie ❑ Les grands personnages de l'histoire de France

❑ Autres : ....

Qu'aimez-vous particulièrement dans cette collection ?

....

Quelles améliorations apporteriez-vous à cette collection ?

....

Pour vous, cette collection s'adresse à des enfants de : .... à .... ans.

Est-ce que vous possédez d'autres livres ou jeux à marque Incollables ?

❑ Oui ❑ Non Si oui, le(s)quel(s) : ....

....

Les DOCS des INCOLLABLES ont été conçus avec une équipe d'experts. Si toutefois vous constatiez une erreur ayant échappé à notre vigilance, merci de nous écrire à :
Éditions Play Bac
33, rue du Petit-Musc 75004 Paris

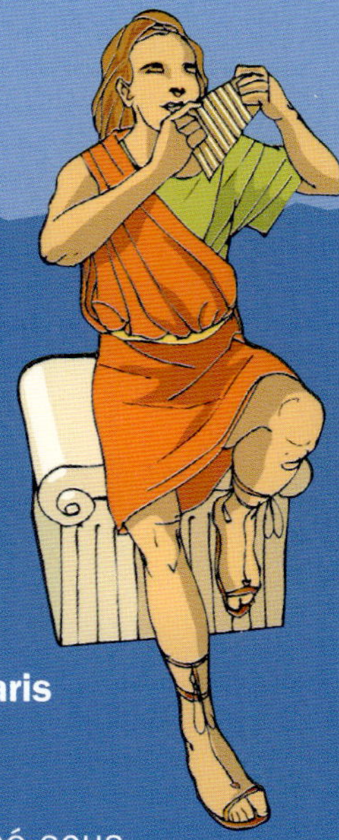

Cet ouvrage a été conçu et réalisé sous la direction de Play Bac. Nous tenons à remercier pour leur contribution : Hugues Moussy, Maya Carrasco, Claire Despine, Anne Graff, Annie Le Breton, Jacques Longuet, Béatrice Fixot, Lucille Hériard Dubreuil, Patrice Lalanne, Antoine Mazelier, Laurence Pasquini, Alain Pichlak et Marie-Hélène Westphalen.

LES DOCS DES INCOLLABLES

Tout compre[...] d'un coup d'œil !

Les titres de la collection :

Histoire-géographie :

- Premiers hommes (6)
- Égypte des pharaons (4)
- Gaule et Gaulois (11)
- Empire r[...] (14)
- Grèce a[...]
- Moyen [...]
- Rois de[...]
- Révolut[...]
- Président de la Rép[...] [...]0)
- Première Guerre mondiale (16)
- Seconde Guerre mondiale (17)
- Débarquement (21)
- Géographie de la France (15)

Sciences :

- Corps humain (1)
- Génétique (19)
- Planètes (5)
- Conquête de l'Espace (9)
- Protection de l'environnement (8)
- Météo et Climats (20)
- Énergie (23)

Animaux :

- Dauphins (2)
- Dinosaures (3)
- Chevaux (7)

éditions PLAY BAC
www.playbac.fr

Diffusion Hatier
Code : 48 9468 9

Prix France TTC : 4,50 €
9 782842 036829
06-08

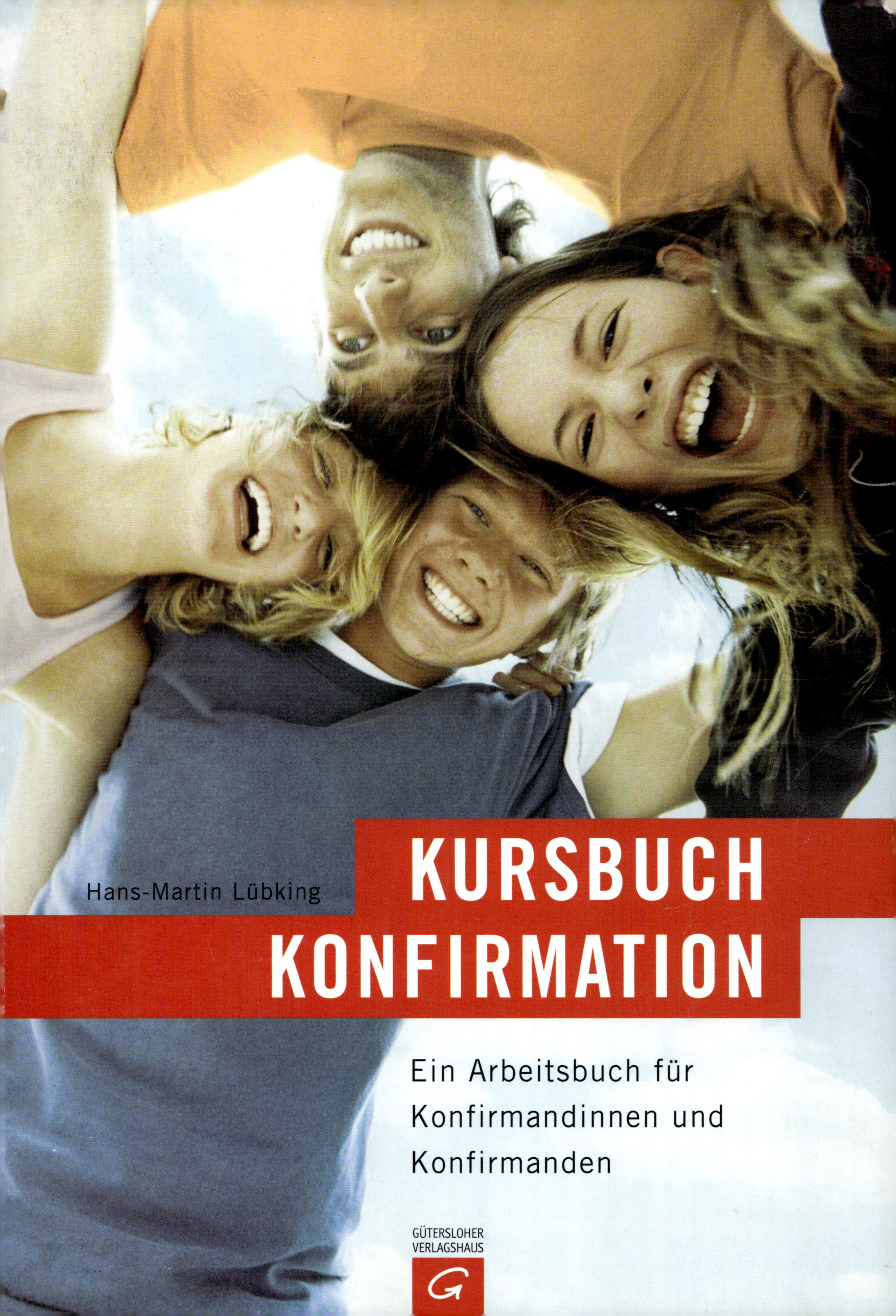

Hans-Martin Lübking

KURSBUCH KONFIRMATION

Ein Arbeitsbuch für Konfirmandinnen und Konfirmanden

GÜTERSLOHER VERLAGSHAUS

Hans-Martin Lübking

KURSBUCH KONFIRMATION

Das neue Programm

Ein Arbeitsbuch für Konfirmandinnen und Konfirmanden

Gütersloher Verlagshaus

Bibliografische Information der Deutschen Nationalbibliothek

Die Deutsche Nationalbibliothek verzeichnet diese Publikation
in der Deutschen Nationalbibliografie; detaillierte bibliografische
Daten sind im Internet über http://dnb.d-nb.de abrufbar.

1. Auflage

Umschlagmotiv: © S. Hammid / Corbis
Rückseite: Ev. Kirche von Westfalen
Gestaltung: grimm.design, Düsseldorf
Druck und Einband: Graphischer Betrieb Gieseking, Bielefeld
Printed in Germany

Broschur
ISBN 978-3-579-05936-5

Bedruckter Ringordner mit eingelegter Loseblattsammlung
ISBN 978-3-579-05938-9

Loseblattsammlung mit farbigem Titelaufkleber
ISBN 978-3-579-05937-2

www.gtvh.de